舗の

# まけ《か》ない
# レシピ

「まかない」のエンターテインメント

大江戸ワハハ本舗・娯楽座
ひらめき☆天才料理家

星川桂

# はじめに

## ～すべての「まけない」人に捧ぐ～

初めまして。星川桂と申します。ワハハ本舗の劇団員です。
この業界では売れるまで若手と言われますから
私は在籍20年を超えるベテランの若手ということになります。
今までたくさんの方々からエールをもらってきました。

「まけるな！」「がんばれ！」
「俺たち（私たち）がついてるぞ！」
「いつかきっと結果が出る！」
この愛情のある応援があったからこそ
私はここまでやってくることができました。

あっ、今は売れているような書き方になっていて失礼しました。
私は今もまだ役者として大成していません！
しかし、こんな私でも胸を張って皆さんにエールを送れることがあります。
それは**節約アイデア・ひらめき術**です。

襲いかかる困難、そして予想外の金欠を
私の**節約アイデア・ひらめき術**で乗り越えてもらいたい!!

劇団員には月末も不況も関係ありません。常に家計は火の車です。
しかし生きていくためにはお金がかかる！　家賃や交通費や通信費など、
どんなにお金がなくても削ることができない必要経費が結構あります。

稼いだお金は必要経費へ。残ったお金でどう生きる!?

この『**まけないレシピ**』には、そんな劇団員の私が実践している
**まけない節約アイデア・ひらめきレシピ**が詰まっています。

稽古が終わって家でごはんを作るのが夜の10時過ぎなんて日常茶飯事。
限られた時間と食材で効率よく、おいしいものを作らないと明日もがんばれません。
仕事で落ち込んだ日も、思うようにことが進まなくて腹立たしい気分の日も、
ごはんがおいしく作れると気持ちが救われます。
半額で手に入れた材料が自宅にある食材と化学反応を起こして
爆発的においしい料理になると
「私って、世界でいちばんの天才料理人だ!」と有頂天になります。
「おいしい!かんたん!早い!」は正義! 困難にまけない魔法のキーワード!!
節約って辛くて苦しいイメージがあるけれど、そんなことないんです。
ふとした瞬間にひらめくと楽しいし、前向きになれます!

本当は秘密にしておきたかった憧れの料理を安く再現する方法をはじめ、
かさ増し術など怒涛の**節約アイデア・ひらめきレシピ**を一挙に公開します。
どれもおいしくてラクチンなものばかりです。
皆さま、とくとご覧あれ!

星川桂

# もくじ

## Part 3 腹ペコさんにぴったり! ごはん・めん・パン



## Part 4 自慢できてかわいい! おやつ&ドリンク

## 分量について

筆者がレシピを考案する際に、いちばん作りやすかった分量で示しています。

Part 2

おしゃれなポテサラ登場！

重ねるだけなのにとってもキュート！

### ハムとチーズのミルフィーユ

材料（作りやすい分量）

・ハム…5枚
・スライスチーズ…4枚

作り方

1 ハム、スライスチーズの順に重ねる。

2 キューブ形に切り分ける。爪楊枝やピックなどを刺す。

1人分 24円

61 友達が遊びに来たときにちょっとしたおつまみとして出したら、料理上手とほめられそう（by 吉川元祥）

きゅうりよりもホクホクの枝豆が合うんです

### 枝豆のポテトサラダ

材料（2人分）

・じゃがいも…2個
・冷凍枝豆（さやつき）…50g
・ハム…2枚
・酢…小さじ2
A マヨネーズ…大さじ2
　塩、こしょう…各適量

作り方

1 じゃがいもは皮をむいて1cm幅にいちょう切りにして、水にさらす。耐熱容器に入れてラップをかけ、電子レンジで6分ほど加熱して、粗くつぶす。

2 冷凍枝豆は解凍してさやから実を取り出す。ハムは細かく切る。

3 1に酢を加えて混ぜ、2、Aを加えてあえる。

1人分 86円

スタッフからひと言！ きゅうりではなくて枝豆を使っているのが新鮮！ デパ地下サラダにも見えます！ 60

## コメントについて

「顔のアイコン」は大江戸ワハハ本舗・娯楽座のメンバー、「スタッフからひと言！」はこの本に関わる制作スタッフで、実際に試作・試食した感想を述べています。

## 金額について

各レシピの金額は、筆者や編集部が独自で調べたもので、なかにはいただいた食材で作ったものもあります。材料の価格は地域や季節によって異なる場合がありますので、目安として捉えてください。

この本のきまりごと・注意事項

＊大さじ1＝15mℓ、小さじ1＝5mℓ、1カップ＝200mℓ、1合＝180mℓです。ひとつまみは親指、人さし指、中指の3本でつまんだ分量で小さじ1/6～1/5程度、少々は親指、人さし指2本でつまんだ分量で、小さじ1/6未満です。
＊特に記載がない場合は、しょうゆは濃口しょうゆ、塩は自然塩、砂糖は上白糖、酒は純米酒、みりんは本みりん、酢は米酢（または穀物酢）、めんつゆは2倍濃縮、オリーブオイルはエクストラバージンオイル、バターは有塩バター、生クリームは動物性で乳脂肪分40％以上のもの、マヨネーズは普通のものを使用しています。
＊野菜類で特に記載がない場合は、洗う、皮をむく、へたと種を除くなどの下処理をすませてからの手順で説明しています。
＊火加減で特に記載がない場合は中火ですが、様子をみながら調整してください。
＊電子レンジの加熱時間で特に表示がない場合、600Wで算出しています。500Wの場合はその1.2倍、700Wの場合はその0.8倍で加減してください。
＊電子レンジ、オーブントースター、オーブンは機種によって加熱具合が異なる場合がありますので、様子をみながら調理してください。
＊表示の冷蔵、冷凍の保存期間はあくまでも目安です。季節やご家庭の保存状況によって異なりますので、食べるときに必ず確認してください。
＊レシピに使用する材料で商標登録をされているものにつきましては、®マークをつけて掲載しています。

天才料理家☆星川桂の

# まけない！ひらめきレシピ

誰も思いつかない料理のアイデアがいっぱいの星川桂さん。彼女の魔法にかかれば、激安食材が劇的に、しかもかんたんにおいしい料理に変わります！　ここでは星川桂さんが皆さんにぜひ食べてほしい、とっておきの９品をご紹介！　いつもの晩ごはんに、給料日前のピンチのときにきっと役立つはず！

食べたらうなぎ

ひらめきレシピ❶

## 超かんたん！絶対うまい！

豚こま、卵、
もやしのお値打ち食材を
手間をかけずにおいしく！
誰からも愛されること間違いナシ！

➡ P.10 〜

ひらめきレシピ❷

## ひと工夫でボリューム満点！

パンの耳、
玉ねぎのみじん切り、お麩は
おいしくかさ増しする
ベストアイテム！
おなかもこころも
満たされて幸せ気分に♪

➡ P.16 〜

ひらめきレシピ❸

## 意外な材料で食べたらびっくり！

あの食材がうなぎの蒲焼きに、
えびシュウマイに、
栗おこわに大変身！
だまされたと思って食べてみて！

➡ P.22 〜

ひらめきレシピ❶

超かんたん！

**絶対うまい！**

レタスで巻いて食べてもおいしい！

# 豚こまでから揚げ

**材料**（2人分）

・豚こま切れ肉…160g

A　卵…1個
　　しょうゆ…大さじ1
　　にんにく（チューブ）…3cm
　　塩、こしょう…各適量

・片栗粉、揚げ油…各適量

**作り方**

1　ポリ袋に豚肉とAを入れ、よくもみ込む。

2　1を8等分にして形をギュッとまとめ、片栗粉をまぶす。170℃の揚げ油で3～4分揚げ、油をきる。リーフレタスなどお好みのレタスを添える。

酢豚にアレンジ！

玉ねぎ、にんじん、パプリカなどお好みの野菜をさっと炒めたところに「豚こまでから揚げ」を加えて市販の酢豚の素で味つけ！

1人分

74円

がっつり食べたいときはもちろん、おつまみにも最高です！（by 三宅潤）

ポリ袋で漬けるとまんべんなく味がしみる！

# めんつゆで味つけ卵

**材料**（4個分）

・卵…4個

A　めんつゆ（2倍濃縮）、水…各½カップ
　　砂糖…小さじ1

**作り方**

1　沸騰した湯に冷蔵庫から出したての卵を入れ、7～8分ゆでる。とろとろの黄身がお好きな方はゆで時間を6分30秒にしてもOK！　流水に当てながら、卵の殻をむく。

2　ポリ袋にAを入れて混ぜ、1を加えて冷蔵庫で半日以上漬ける。

1個分
17円

**スタッフからひと言！** めちゃくちゃかんたん！　お弁当にもいいし、ラーメンにのせてもうまい！

油を使わないのでとってもヘルシー！

# もやしの
# ミルフィーユ鍋

**材料**（2人分）

- もやし…1袋（200g）
- 豚しゃぶしゃぶ用肉…160g
- 塩、こしょう…各適量

A　めんつゆ（2倍濃縮）…大さじ2
　　ごま油…小さじ2

**作り方**

1 鍋かフライパンに水大さじ2（分量外）を入れる。もやし、豚肉の順に $\frac{1}{3}$ 量ずつ入れて塩、こしょうをふる。

2 ふたをして中火にかけ、火が通るまで5～6分蒸す。

3 混ぜ合わせたAをつけて食べる。

1人分

92円

たれをポン酢しょうゆにしたりなど、いろいろアレンジがきくね（by 村本准也）

ひらめきレシピ❷

ひと工夫で
ボリューム
満点！

パンの耳のおいしさを引き出した渾身のおやつ♡

# 黄金のフレンチトースト

**材料**（1食分）

A | パン粉（パンの耳のパン粉を使用）…80g
卵…1個
牛乳…½カップ
砂糖…大さじ1

・バター（またはマーガリン）…15g

**作り方**

1 ボウルにAを入れてよく混ぜ合わせる。

2 小さめの卵焼き用フライパンにバターを熱し、1を流し入れて全体がかたまるまで弱火で焼く。

3 食べやすい大きさに切って器に盛り、お好みでメープルシロップをかける。

## パンの耳のパン粉

パンの耳が手に入ったら、フードプロセッサーでパン粉にして冷凍保存しておくのが星川流。かたくなったバゲットでもできますよ！

1食分

24円

パン粉のレパートリーが増えました。少量からでも作れるし、とろふわの食感もやみつきです！（by 仲村唯可）

焼き肉のたれのソースとも相性抜群！

# かさ増しハンバーグ

**材料**（4個分）

・ハンバーグのたね（市販）…3個

A｜冷凍玉ねぎ（みじん切り）…½個分（約90g）
　｜卵…1個
　｜パン粉（パンの耳のパン粉を使用）…40g

・サラダ油…大さじ1

・焼き肉のたれ…大さじ2

**作り方**

**1** ボウルにハンバーグのたねを入れてくずし、Aを加えて混ぜる。4等分にして楕円形に形を整える。

**2** フライパンにサラダ油大さじ½を中火で熱し、1の半量を並べて焼く。焼き色がついたら、ふたをして弱火で7～8分焼いて器に盛る。残りも同様に焼く。

**3** 2のフライパンに焼き肉のたれを入れて中火にかけ、煮立ててソースを作る。ハンバーグにかけ、お好みでゆでたにんじんやブロッコリーを添える。

## 玉ねぎのみじん切り

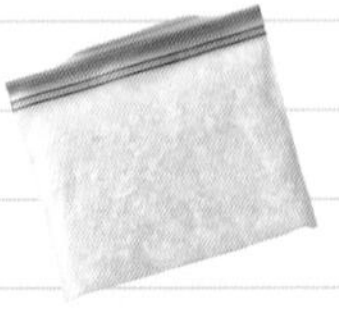

玉ねぎはかさ増し食材の代表選手！　時間があるときにみじん切りにしたら、チャック付き保存袋に入れて冷凍しておくといつでも使えて便利です。

1個分

65円

パン粉と玉ねぎを混ぜることで腹持ちがよくなるし、食べごたえバッチリ！（by 哀原友則）

下味にお好みでにんにくやはちみつを足しても！

# あぶら麩と鶏肉のから揚げ

**材料**（2人分）

- あぶら麩…6個（約30g）
- 鶏もも肉…小1枚

A
- しょうゆ…大さじ2
- 酒…大さじ1と½
- しょうが（チューブ）…4cm

- 片栗粉、揚げ油…各適量

**作り方**

1. あぶら麩は水かぬるま湯につけてもどし、水けをよく絞る。鶏肉はひと口大に切る。
2. Aに鶏肉を加えてもみ込み、なじんだらあぶら麩を加えてよくもみ込む。
3. 2のそれぞれに片栗粉をまぶし、170℃の揚げ油で鶏肉を4～5分、あぶら麩を1～2分揚げ、ともに油をよくきる。お好みでレモン、パセリを添える。

### あぶら麩

ヘルシーでもっちりとした食感のあぶら麩。揚げるときは鶏肉を先に揚げて油に肉の風味を移すとおいしさがグンとアップ！

1人分

99円

鶏肉、麩、鶏肉の順に食べていくと、麩が本当の鶏肉に感じるから不思議！　酢こしょうも合います！（by 哀原友則）

ひらめきレシピ❸

意外な材料で
食べたら
びっくり！

すりおろしたごぼうで
うなぎの小骨感を再現！

# 食べたらうなぎ

**材料**（2人分）

- ごぼう…5 cm
- じゃがいも…中1個
- はんぺん…2 枚
- 片栗粉…大さじ 1
- 塩…ひとつまみ
- 焼きのり（おにぎり用）…2 枚
- 揚げ油、温かいごはん…各適量
- うなぎのたれ、山椒…各適量

**作り方**

1 ごぼうはよく洗って皮をこそげ、やわらかくなるまでゆでる。じゃがいもは皮をむいてすりおろす。

2 ざるにコーヒーフィルターやペーパータオルをのせる。1 のごぼうをすりおろし、じゃがいもと一緒にざるにのせて水けをきる。

3 ポリ袋にはんぺんをちぎって入れ、片栗粉、塩、2 を加えてよくもみ混ぜる。

4 のりの裏側に片栗粉（分量外）をまんべんなくふる。3 の半量を均一になるようにぬり、ゴムベラなどで横方向に線を入れてから、うなぎの模様をつける。同様にもう1つ作る。

5 揚げ油を 170℃に熱し、4 をのりの側を下にして静かに入れて揚げる。まわりがカリッとして全体にふくらみ、茶色く色づいてきたら裏返す。さらに 1～2 分揚げて油をよくきる。

6 器にごはんを盛り、5 を食べやすく切ってのせる。うなぎのたれをかけて山椒をふる。

1 人分
**98円**

ちょっと待って、うなぎだよ、これ！いや、うなぎじゃないけど。悔しいけど白米バクバクいけちゃいます！（by 哺家坊）

面倒なえびの下処理も専用の蒸し器もいらない！

# はんぺんで えびシュウマイ

**材料**（10個分）

- はんぺん…1枚
- かっぱえびせん®…12本
- 塩、こしょう…各適量
- シュウマイの皮…10枚

**作り方**

1 ポリ袋にかっぱえびせん®を入れ、めん棒などで細かく砕く。

2 ボウルにはんぺんを入れてなめらかになるまで手でくずす。1、塩、こしょうを加えてよく混ぜ、10等分のボール状にまとめ、シュウマイの皮で包む。

3 レンジ用蒸し器または耐熱皿に2の半量を並べ、水少々（分量外）をふってふたをするか、またはふんわりとラップをかける。電子レンジで1分30秒～2分加熱する。残りも同様に加熱する。

かっぱえびせん®

えび風味、ほどよい塩けがシュウマイにぴったりです！えび感をもっと出したい場合は分量を増やしてみても。

5個分

54円

匂いと味がちゃんとえびシュウマイっぽくなっていて、料理初心者の僕にもかんたんにできました！（by 吉川元祥）

ほんのりだしがきいて上品な味わいです。

# 栗おこわ

**材料**（4食分）

- 米…2合
- むき甘栗…1パック（35g）
- 切り餅…1個

A | しょうゆ…大さじ1
  | 和風顆粒だし…小さじ1

**作り方**

1. 米はといで30分ほど吸水させ、ざるにあげて水けをきる。
2. 切り餅は細かく切る。
3. 炊飯器に1を入れ、A、水を加えて2合の水加減にする。むき甘栗、2をのせて普通に炊き、炊き上がったらしっかり混ぜる。

## むき甘栗

そのままおやつに食べたらあっという間になくなるむき甘栗。でも切り餅と一緒に炊けば、自然な甘さが加わった栗おこわに大変身！　栗おこわは余ったら冷凍もできます。

1食分
44円

もち米がなくてもお餅とむき甘栗でホクホクの栗おこわが再現できました！　感動もの！（by 仲村唯可）

## 星川桂のひらめき☆コラム①

# ～パンの耳の思い出～

子どもの頃、楽しみにしていたおやつがありました。それは母の作るパンの耳のラスク。

細く切ってカリカリに乾燥させたパンの耳をキラキラの砂糖でコーティングしたラスクは、おいしくて見た目もきれい。頬張ると幸せな気持ちになりました。初めて母から習った料理もパンの耳のラスクでした。

我が家のパン耳のラスクは細くカットしたパンの耳をレンジでチンしてカリカリに乾燥させ、カラメルになる直前の透明の砂糖水をからめて作るのですが、これが意外と技が必要で大変。

砂糖水がグツグツして糸を引くくらいでパンの耳を入れなくてはならず、早すぎるとベチャベチャのシナシナになってしまって食べられません。逆に砂糖水がカラメルになってしまうとパンの耳にからめているうちに焦げて苦くなり、食べられません。パンの耳も細くカットするとレンジで早く乾燥できますが、細すぎると焦げて使えなくなります。

パン耳のラスクが食べたいがため、私は子どもながらに研究を重ね、東京で劇団員として暮らすようになってからもラスクを作り続けました。試行錯誤を重ねてラスクの形も細切りからさいの目切りに変わりました。この形にしておけばラスクにもできるし、クルトンとしても使えるし、チョコレートでコーティングしたらバレンタインデーにも使えて便利だと気がついたからです。

パンの耳には夢があります。硬くなったパンの耳はフレンチトーストにすればやわらかく生まれ変わり、細かく刻んだパンの耳はパン粉としてハンバーグのかさ増しに役立ってくれます。無料、もしくは安く手に入るパンの耳は私の救世主です。貧乏暮らしでお金のない私が明るく楽しく節約生活を送れるのは、ひとえにパンの耳からおいしいラスクが作れると教えてくれた母のおかげです。疲れて帰ってきてもパンの耳があることを思い出すだけでうれしくなることがあるのです。

友チョコやちょっとした手土産にも♡

# パンの耳でクランチチョコ

**材料**（作りやすい分量）

・パンの耳…4本（40g）
・板チョコレート…1枚（50g）

全量で

**90円**

**作り方**

1 パンの耳はさいの目切りにし、耐熱皿に広げて入れ、ラップをかけずに電子レンジで2分加熱する。ざるにあけて冷まし、さらに1分30秒加熱する。

2 板チョコレートは粗く刻んで耐熱容器に入れ、湯煎にかけて溶かす。1を加えて全体に均一にからめる。

3 皿やバットなどにオーブンシートを敷き、少し間隔を空けて2を並べ、冷凍庫で30分ほど冷やしかためる。

あのパンの耳が
こんなにおしゃれに!

チーズの代わりに水きりヨーグルトを使って節約!

# パンの耳でベイクドチーズケーキ

**材料**（2枚分）

- プレーンヨーグルト
  …1パック(400g)
- パンの耳の端っこ
  (4枚切りくらいの厚さ)
  …2枚分

A
- 砂糖…40g
- 卵…2個
- 牛乳…25ml
- レモン汁(お好みで)
  …小さじ1

薄力粉…大さじ½

2切れ分

**24円**

**作り方**

1 ざるにペーパータオルをのせてプレーンヨーグルトを入れ、冷蔵庫で3時間以上水きりをする。

2 パンの耳の端っこは白い部分をスプーンでくり抜いてタルト台のような形にする。オーブントースターでカリッとするまで焼き、冷ましておく。

3 1にAを順に加えてそのつど混ぜ、薄力粉をふり入れてさらに混ぜる。2に半量ずつ流し入れ、180℃のオーブンで30～40分焼く(途中焦げそうならアルミホイルをかぶせる)。

4 オーブンから取り出して冷めたら、冷蔵庫で30分以上冷やす。2.5㎝幅に切って器に盛り、お好みでブルーベリージャムやホイップクリーム、チャービルを添える。

口に入れた瞬間に広がる、ヨーグルトの酸味とクリーミーなコクとのマリアージュ!(by 矢原加奈子)

Part 1

# ガッツリうまうま！
# 主役級のおかず

麻婆はんぺん、ダブルしょうがの肉巻き、
ツナと白菜の激安シチューなど
晩ごはんに大活躍するレシピをご紹介。
節約素材で作ったとは思えないほど
おいしいものばかりです。

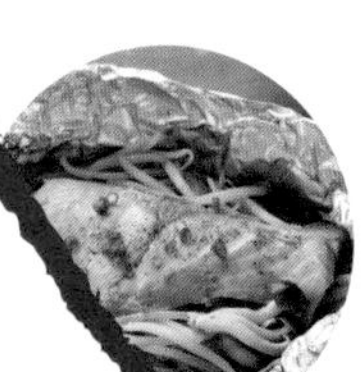

甘いの？辛いの？
そのなんとも言えない
味わいが絶妙！

# 激うま！麻婆はんぺん

**材料**（2〜3人分）

- はんぺん…1枚
- 豚ひき肉…100g
- にんじん…1/3本
- 玉ねぎ…1/2個
- 麻婆豆腐の素（市販・辛口）…1袋
- サラダ油…大さじ1/2

**作り方**

1. はんぺんは2cm角に切る。にんじん、玉ねぎはみじん切りにする。
2. フライパンにサラダ油を中火で熱し、ひき肉、にんじん、玉ねぎを炒める。肉の色が変わったら、はんぺんを加えて全体に炒め合わせる。
3. 2に麻婆豆腐の素を加え、ひと煮立ちしてとろみがついたら火を止める。器に盛り、お好みで小ねぎの小口切りをちらす。

## はんぺん

豆腐の代わりに水きりの必要がないはんぺんを活用！　肉のうまみを吸ってふわっとふくらむので食べごたえが出ます。しかも煮くずれしにくいので料理上手に見えちゃいますよ。

1人分

70円

玉ねぎ、にんじんの歯ごたえと、はんぺんのフワフワの食感が新鮮！（by 矢原加奈子）

肉がしっかり食べられて
疲労回復にもなります！

# ダブル しょうがの肉巻き

**材料**（2人分）

- 豚バラ薄切り肉…5枚（120g）
- お寿司付属のガリ…2袋（40g）
- 紅しょうが…50g
- 塩、こしょう…各適量
- サラダ油…大さじ$\frac{1}{2}$

**作り方**

1 豚肉は半分に切る。1切れにガリ、紅しょうがを$\frac{1}{10}$量ずつのせてきつく巻き、塩、こしょうをふる。全部で10個作る。

2 フライパンにサラダ油を中火で熱し、1の巻き終わりを下にして並べて焼く。巻き終わりがくっついたら、転がしながら4～5分焼く。

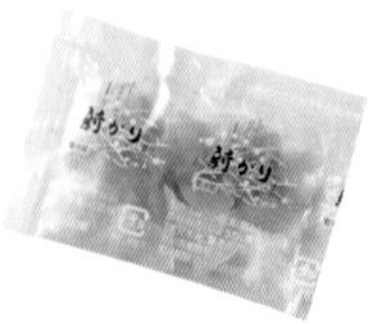

## お寿司付属のガリ

お寿司についてくるガリは余ってしまうこともありますね。でも星川流では紅しょうがと一緒に肉巻きにしちゃいます。ガリがない場合は、しょうがの甘酢漬けでもおいしくできまよ。

1人分

93円

豚の脂としょうがのさっぱり感がマッチして食べやすいです。普段料理をしない僕でも作れました！（by 三宅潤）

# しょうが飴でしょうが焼き

ごはんが進む
人気おかず。味の決め手は
飴なんです！

**材料**（2人分）

- 豚バラ薄切り肉（または豚こま切れ肉）…160g
- 玉ねぎ…½個
- しょうが飴…8個
- 熱湯…½カップ
- しょうゆ…大さじ1
- サラダ油…大さじ½

＊しょうが飴がない場合は、しょうゆ、みりん各大さじ1、しょうが（チューブ）4㎝でたれを作る。

### しょうが飴

しょうが飴には砂糖も入っているから、しょうゆや酒を加えるだけで絶品のたれになります。しかもおいしそうな照りが肉につくので一石二鳥！

**作り方**

1. しょうが飴に熱湯を注いで溶かす。
2. 玉ねぎはくし形切りにする。1にしょうゆ、お好みで酒大さじ1を加えてたれを作る。
3. フライパンにサラダ油を中火で熱し、豚肉を炒める。肉の色が変わってきたら玉ねぎを加えて炒め合わせる。
4. 玉ねぎがしんなりしてきたら、2のたれを加えて全体に煮からめる。器に盛り、お好みでタルタルソース、キャベツ、トマトを添える。

### タルタルソース

ゆで卵1個はフォークで粗くくずし、マヨネーズ大さじ3、らっきょうのみじん切り2粒、福神漬けのみじん切り10gを混ぜ合わせてタルタルソースを作り、しょうが焼きにトッピングしてもおいしい！

1人分

**70円**

スタッフからひと言！ しょうが飴がたれになるなんて星川さんしか思いつかないですね。さすがひらめき天才料理家！

皮がパリパリになるまで
弱火でじっくり
焼くのがコツ！

# 手羽先だがや

**材料**（2人分）

- 鶏手羽元…5本
- 鶏手羽先…4本
- サラダ油…大さじ½

A
- しょうゆ、みりん、酒…各大さじ1
- 砂糖…大さじ½
- いりごま（白）…大さじ1

**作り方**

**1** 鶏手羽元はキッチンばさみを使って骨から身をはずす。鶏手羽先は骨と骨との間に切り込みを入れる。

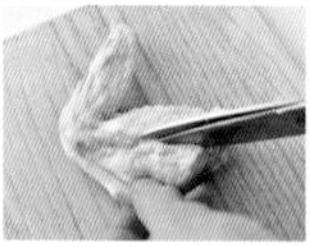

**2** フライパンにサラダ油を弱火で熱し、1を皮目のほうから並べて焼く。皮がパリパリになったら、裏返して3～4分焼く。

**3** 2のフライパンの余分な脂をふき取り、混ぜ合わせたAを入れて煮立てる。フライパンをゆすって全体にからめる。器に盛り、お好みで貝割れ菜を添える。

1人分
96円

**スタッフからひと言！** 手羽元が食べやすいように骨から身をはずして焼く、このひと手間が気遣い上手な星川さんらしい！

熱々の卵でキャベツを
しんなりさせるのが
ポイント。

# キャベツの とんぺい焼き風

**材料**（1人分）

- カットキャベツ（せん切り・市販）…1袋（130 ～ 150g）
  （またはキャベツ＜せん切り＞…3 ～ 4 枚）
- 卵…2 個
- 塩、こしょう…各適量
- サラダ油…大さじ½
- お好み焼きソース、マヨネーズ…各適量

**作り方**

**1** 器にカットキャベツを盛る。

**2** ボウルに卵を溶きほぐし、塩、こしょうを加えて混ぜる。

**3** フライパンにサラダ油を中火で熱し、2を流し入れてスクランブルエッグ状に加熱する。1のキャベツにのせ、お好み焼きソース、マヨネーズをかける。

**カットキャベツ**（せん切り）

下ごしらえいらずのカットキャベツ（せん切り）はふわっとしていて口当たりがよく、時短調理にぴったり！　普通のキャベツを使う場合は、なるべく細めのせん切りにするのがおすすめ！

1人分

79円

低カロリーだから夜遅くのおつまみにいい。後半味に飽きたらドレッシングをかけて味変してもいいかも（by コースケ☆原澄人）

ごはんにかけてトースターで
焼けばドリア風に♪

# ツナと白菜の激安シチュー

**材料**（2人分）

- ツナ油漬け缶…小1缶（70g）
- 白菜…1/4株
- バター…10g
- 薄力粉…大さじ2
- 牛乳…1カップ

A
- 顆粒コンソメスープの素…小さじ2
- 塩、こしょう…各適量

**作り方**

1. 白菜は葉先をざく切り、芯をひと口大に切る。
2. 鍋にバターを中火で熱し、1の芯、葉先の順に炒める。少ししんなりしてきたら、薄力粉を加えて混ぜ、粉っぽさがなくなるまで炒める。
3. 牛乳を少しずつ加えてとろみがついてきたら、缶汁ごとツナを加えて混ぜ、Aで調味してひと煮する。

1人分
93円

超時短と節約！ しかもおいしすぎ！ 疲れた体にしみわたる一品でした（by 村本准也）

スイッチポン！で炊飯器にすべておまかせ！

# 鮭ともやしのホイル蒸し焼き

**材料**（2人分）

- 生鮭…2切れ
- もやし…1袋
- しめじ…½パック
- 米…2合
- 塩、こしょう…各適量

A｜酒、しょうゆ…各大さじ1

バター…5g

レモン汁…適量

※生鮭の代わりに甘塩鮭でもOK。
その場合は塩をふらずに蒸す。

**作り方**

1 米はといで30分吸水させ、ざるにあげて水けをきる。

2 しめじは小房に分ける。アルミホイルにもやし、しめじ、鮭をのせて塩、こしょうをふる。Aをふってバターをのせ、アルミホイルで全体を包むようにして口をしっかり閉じる。

3 炊飯器に1を入れ、2合の水加減にする。2をのせて普通に炊く。炊き上がったらごはんを混ぜ、アルミホイルを開いてレモン汁をかける。お好みで小ねぎの小口切りをちらす。

1人分

97円

**スタッフからひと言!** 炊飯器で鮭の蒸し焼きができるなんて知らなかった！　お野菜を一緒にとれて栄養バランスもいい！

ホワイトソースはレンジで
作れるからラクチン！

# マカロニサラダでグラタン

**材料**（1人分）

- マカロニサラダ（市販）…1パック（100～120g）
- 冷凍ゆでブロッコリー…5房
- バター…5g
- 薄力粉…大さじ1
- 牛乳…40ml
- ピザ用チーズ…30g

**作り方**

**1** 耐熱容器にバターを入れ、ラップをかけずに電子レンジで20秒ほど加熱する。薄力粉、牛乳を加えて混ぜておく。

**2** グラタン皿にマカロニサラダ、ブロッコリーをのせて1をかける。ピザ用チーズをのせ、オーブントースターで焼き色がつくまで5～6分焼く。

## マカロニサラダ

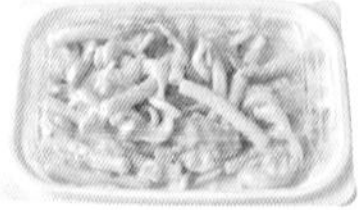

コンビニやスーパーのお惣菜で人気のサラダ。グラタンに具材が限りなく近いので、チーズとかんたんホワイトソースでリメイク！　ブロッコリーなどお好みの野菜をプラスすれば、彩りもよくなります。

1人分

84円

お鍋いらずで気軽に作れるのにすごくおいしい！　ポテサラを使って自己流アレンジもいいかも☆（by 犬吠埼にゃん）

パンの耳の代わりにゆでたマカロニを加えてもOK！

# 主食になる卵サラダ

**材料**（2人分）

- 卵…2個
- ツナ油漬け缶…小1缶（70g）
- 冷凍ゆでブロッコリー…6房
- 冷凍むきえび…8尾
- パンの耳…8本（80g）

A
- マヨネーズ…大さじ3
- 粒マスタード（お好みで）…小さじ1
- 塩、こしょう…各適量

**作り方**

1 卵はゆで卵にして殻をむく。むきえびは熱湯で2～3分塩ゆで（分量外）し、ざるにあげて冷ましておく。パンの耳は食べやすい大きさに切る。

2 ボウルに1のゆで卵を入れてフォークで粗くつぶし、Aを加えて混ぜる。缶汁をきったツナ、むきえび、解凍したブロッコリー、パンの耳を加えてあえる。

1人分

85円

**スタッフからひと言！** サラダなのにツナもえびもパンも入っているのでおなかがいっぱいになりました♪

くっつきやすくするために
じゃがいもは
水にさらしません！

# じゃがいもの フライパンピザ

**材料**（2人分）

- じゃがいも…小２個
- ハム…２枚
- ピーマン…１個
- サラダ油…大さじ½
- 塩、こしょう…各適量
- 牛乳…¼カップ
- ピザ用チーズ、ピザ用ソース…各適量

**作り方**

1 じゃがいもは皮をむいて細切りにする。ハムは６～８等分の放射状に切り、ピーマンは輪切りにする。

2 フライパンにサラダ油を中火で熱し、じゃがいもを丸く広げ、塩、こしょうをふる。ハム、ピーマンをのせ、牛乳を加えて弱めの中火で２分煮る。

3 じゃがいもがやわらかくなってきたら、ピザ用ソースをかける。ピザ用チーズをのせ、ふたをしてチーズが溶けるまで１～２分加熱する。

１人分
86円

**スタッフからひと言！** じゃがいもを煮てピザ生地にするアイデアに脱帽！　じゃがいもを水にさらさないのもポイントですね！

## 星川桂のひらめき☆コラム②

# ～牛脂って素晴らしい～

私が牛脂に興味を持ったのはバイト先でのお客様同士の会話からでした。
「最高級の和牛の牛脂はおいしいですよね」
「そうそう、高級店ほど牛脂を無料でくれるんだけどあのサービスはうれしいよね」
もともとお肉の脂身が好きな私には目からウロコでした。早速、次の日に牛脂をもらいにデパートへ向かいました。滅多に行かないデパート。いつもよりもお洒落な格好をしてデパートの食品売り場に向かう私。
「もしも断られたらどうしよう？　聞くのやめようかな？　でも本当にもらえたらうれしいな。そうだ、聞くだけ聞いてみよう。断られたって恥ずかしくない。だって顔を覚えられるほど、このデパートに来ていないし、それよりも牛脂をもらえたときの喜びのほうがもらえなかったときの虚しさを超えるに決まっている！」
重要な舞台のオーディションよりも緊張して私はデパ地下のお肉屋さんに声をかけました。「すいません、牛脂をいただけないでしょうか？」
結果はあっさりオッケーで私はデパートの包み紙に包まれた牛脂を見事にゲットしました。苦労して手に入れた牛脂は私のキッチンに新しい風を運んできました。フッ素樹脂加工が剥がれたフライパンも牛脂のおかげでツヤツヤになり、牛脂を使ったこま切れ肉と野菜の炒め物は高級なお肉の香りでおいしさが倍増。カレーも細かく切り刻んだ牛脂を入れることでコクが増し、ハンバーグから出る肉汁はステーキのような香りがしました。その後の研究でスーパーでもらえる無料の牛脂も大活躍することがわかりました。スーパーの牛脂はデパートのものと違い、香りがしないので溶かしてラクトアイスに入れて混ぜると乳脂肪分の多い高級アイスになるのです。
牛脂は素晴らしい。今では牛脂のない生活は考えられません。私はあの日、恥ずかしさに負けて牛脂を諦めなくてよかったと心から思うのです。

なめらかな舌ざわりにうっとり！

## 高級アイスクリーム

**材料と作り方**

1. 耐熱容器に牛脂１個を入れ、ラップをかけずに電子レンジで２分加熱する。
2. 1をすぐにラクトアイス１個に混ぜ、冷凍庫に入れて冷やして食べる。

１個分

**130円**

ワハハ本舗社長喰始　全然味が変わって面白いね。濃厚だけどさっぱりもしているから何個でも食べられちゃうね。

Part 2

## 野菜がとれる！つまみにもなる！

# 副菜&スープ

野菜ナムルやサラダからあったかスープまで
ササッと作れるものばかり厳選しました。
お酒にもぴったりのメニューも多数なので
ぜひ作ってみてくださいね。

あえるだけなのにおいしすぎ！

# クリームチーズのおかかあえ

**材料**（2人分）

・クリームチーズ（個包装タイプ）
…4～5個

A
しょうゆ…小さじ1
かつお節…小½パック
小ねぎ（小口切り）…1本

**作り方**

1 クリームチーズは角切りにする。

2 1とAをあえる。

1人分
47円

チーズの濃厚なうまみがトマトとベストマッチ☆

# クリームチーズでカプレーゼ

**材料**（2人分）

・クリームチーズ…80g
・トマト…小1個
・塩、粗びき黒こしょう、
オリーブオイル…各適量

**作り方**

1 トマトは薄切りにする。クリームチーズは8㎜厚さに切る。

2 器に1を交互に重ねて並べ、塩、粗びき黒こしょう、お好みで乾燥パセリをふり、オリーブオイルをまわしかける。

1人分
90円

モッツァレラは少量だと使いづらいけれど、クリームチーズなら食べたい量に合わせて作れる！（by 犬吠埼にゃん）

おかかあえは、口で溶けたチーズとねぎとおかかの相性抜群で、ハイボールで流し込んで味わいたいです（by 雨宮あさひ）

豆もやしをレンチンしてもおいしい♪

# もやしナムル

**材料**（2人分）

・もやし…1袋（200g）

A
- 鶏ガラスープの素…大さじ½
- 塩、こしょう…各適量
- ごま油…小さじ½
- いりごま（白）…大さじ½

**作り方**

1 耐熱容器にもやしを入れ、ふんわりとラップをかけて電子レンジで3分加熱する。

2 1の水けをよくきってボウルに入れ、Aであえる。

1人分

8円

シャキシャキの歯ごたえがたまらない！

# 水菜ナムル

**材料**（2人分）

・水菜…3～4株

A
- 鶏ガラスープの素…大さじ½
- 塩、こしょう…各適量
- ごま油…小さじ½
- いりごま（白）…大さじ½

**作り方**

1 水菜は4cm長さに切り、耐熱容器に入れてふんわりとラップをかけ、電子レンジで1～2分加熱する。

2 1の水けをよくきってボウルに入れ、Aであえる。

1人分

21円

ナムルで野菜不足を解消！

もやしは簡単、安い、早いの代名詞！　こしょうをブラックペッパーにするとビールの最強つまみになるかも！（by 矢原加奈子）

旅先のホテルでもすぐ作れます！

# お茶漬けの素で浅漬け

**材料**（作りやすい分量）

- にんじん…½本
- きゅうり…1本
- お茶漬けの素（市販）…1袋

**作り方**

1. にんじんときゅうりは5㎜厚さの斜め薄切りにする。
2. ポリ袋に1、お茶漬けの素を入れて手で軽くもんでなじませ、袋の口を閉じて1時間以上おく。

全量で

88円

夜に仕込んで次の日の朝ごはんにいいね!!　白菜も入れてもいいかも（by 噛家坊）

ポリポリとした食感がやみつきです♡

# おつまみきゅうり

**材料**（作りやすい分量）

- きゅうり…1本
- A
  - 鶏がらスープの素、ごま油…各小さじ2
  - にんにく（チューブ）…3cm

**作り方**

1. きゅうりはポリ袋に入れてめん棒などでたたく。袋から取り出して手で食べやすい大きさに割る。
2. 1をAであえる。

全量で
41円



貧乏劇団員には居酒屋で一品頼んだ感じがするうれしいレシピ。キャベツ、ネギなど色々行けそう（by 噛家坊）

きゅうりよりもホクホクの枝豆が合うんです

# 枝豆のポテトサラダ

**材料**（2人分）

- じゃがいも…2個
- 冷凍枝豆（さやつき）…50g
- ハム…2枚
- 酢…小さじ2
- A マヨネーズ…大さじ2
  塩、こしょう…各適量

**作り方**

1 じゃがいもは皮をむいて1cm幅にいちょう切りにして、水にさらす。耐熱容器に入れてラップをかけ、電子レンジで6分ほど加熱して、粗くつぶす。

2 冷凍枝豆は解凍してさやから実を取り出す。ハムは細かく切る。

3 1に酢を加えて混ぜ、2、Aを加えてあえる。

1人分
86円

スタッフからひと言！ きゅうりではなくて枝豆を使っているのが新鮮！ デパ地下サラダにも見えます！

重ねるだけなのにとってもキュート！

# ハムとチーズのミルフィーユ

**材料**（作りやすい分量）

- ハム…5 枚
- スライスチーズ…4 枚

**作り方**

1. ハム、スライスチーズの順に重ねる。
2. キューブ形に切り分ける。爪楊枝やピックなどを刺す。

1 人分

24円

友達が遊びに来たときにちょっとしたおつまみとして出したら、料理上手とほめられそう（by 吉川元祥）

スープにパンを浸して
食べても◎

# もやしの
# タイ風カレー炒め

**材料**（2人分）

- 豆もやし…1袋
- チキンとタイカレー缶（イエロー）…1缶（125g）
- サラダ油…大さじ½
- 鶏ガラスープの素…小さじ1

**作り方**

1 フライパンにサラダ油を中火で熱し、豆もやしを炒める。少ししんなりしてきたら、水大さじ1（分量外）を加え、鶏ガラスープの素も加えて炒める。

2 チキンとタイカレー缶を缶汁ごと加え、軽く炒め合わせる。

### チキンとタイカレー缶（イエロー）

今回はイエローカレーを使いましたが、レッドでもグリーンでも合います。缶から中身が上手に取り出せない場合は、水を少し足すのがおすすめ！

1人分

90円

包丁いらずのかんたんおつまみ！　仕上げにナンプラーをたらすとさらに本格的になります！（by 犬吠埼にゃん）

たくあんの歯ごたえが楽しい！

# カットキャベツの納豆卵あえ

**材料**（2人分）

・カットキャベツ（せん切り・市販）
　…1袋（130 ~ 50g）

A
- 納豆…1パック（40g）
- 卵…1個
- たくあん（粗く刻む）…適量
- 納豆付属のたれ…1袋
- いりごま（白）…小さじ1

**作り方**

1 Aを先に混ぜ合わせてから、カットキャベツをあえる。

1人分

46円

これはうまい以外の何ものでもない！　食べた日の翌朝、お通じがすこぶるよかった。女子にうれしいね！！（by 鈴木千琴）

おかかやねぎをトッピングしてもOK

# 焼き豆腐の浅漬け

**材料**（作りやすい分量）

・焼き豆腐…1丁
・浅漬けの素…¾カップ

**作り方**

1 焼き豆腐は重しなどをしてしっかりと水けをきり、食べやすい大きさに切る。

2 ポリ袋に1、浅漬けの素を入れ、1時間以上漬ける。

全量で
120円

今までありそうでなかった意外な発想！ 浅漬けの素で焼き豆腐がさらにあっさりしてクセになります（by 雨宮あさひ）

野菜はセロリやかぶなどでもおいしい

# うまい棒®で野菜ディップ

**材料**（作りやすい分量）

- うまい棒®（めんたい味）…2本
- マヨネーズ…大さじ2
- きゅうり…1/3本
- にんじん…1/2本
- 大根…5cm

**作り方**

1 野菜は食べやすい大きさのスティック状に切る。

2 うまい棒®は手でくずしてマヨネーズとあえ、1につけて食べる。

**うまい棒®（めんたい味）**

本物の明太子がなくてもうまい棒®（めんたい味）とマヨネーズを混ぜれば、本格派のディップソースになります。

全量で

**85円**

すごくいい香り！何枚でも食べられちゃう！

# 焼きのりで韓国のり

**材料**（作りやすい分量）

- 焼きのり（全形）…1枚
- ごま油、塩…各適量

**作り方**

1 焼きのりは半分に切る。半量をまな板にのりのざらざらした面を上にしておき、ごま油をたらす。

2 残りのざらざらした面を下にして重ね、両面にごま油が均等につくように手で押さえながらスライドさせる。ごま油をぬった面に塩をふる。

3 フライパンで2の両面を20～30秒ずつ焼き、食べやすい大きさに切る。

全量で

**41円**

ワハハ本舗経理部長M氏　かんたんにできるし、ちょっとしたお酒の友に最高だもんで！

安くて手に入りやすいうまい棒® で、シャレオツなパーティー料理！！！ みんなで食べられます o(^o^)o（by 鈴木千琴）

クリーミーで濃厚な味わいは反則です☆

# チーズのしょうゆ漬け

**材料**（作りやすい分量）

- プロセスチーズ（個包装タイプ）…3個
- クリームチーズ（個包装タイプ）…3個

A ｜しょうゆ、みりん…各大さじ1

**作り方**

1 チャック付き保存袋にA、プロセスチーズ、クリームチーズを入れ、冷蔵庫に入れて3時間以上おく。冷蔵で3～4日間保存可能。

全量で

153円

ワハハ本舗経理部長M氏　日本酒にも洋酒にも合うからお酒が進むもんで！

卵を黄身と白身に分けて混ぜるのがポイント！

# チーかま®のふわふわ卵焼き

**材料**（1人分）

- チーかま®…1本
- 卵…1個
- 塩…少々
- サラダ油…大さじ1

### チーかま®

チーかま®をフォークでつぶすときは結構根気がいりますが、つぶつぶ感が少し残っていてもアクセントになるので大丈夫です。

**作り方**

1. チーかま®は小さく切り、卵の黄身、塩を加えてフォークでつぶす。
2. 卵の白身は泡立て器でメレンゲ状になるまで泡立て、1に加えてさっくりと混ぜる。
3. 小さめの卵焼き用フライパンにサラダ油を熱し、2を流し入れて焼く。半熟状になったら半分に折りたたみ、形を整える。

1人分
28円



スタッフからひと言！ メレンゲの効果で卵焼きがふわふわ！ チーかま®がいい仕事していますね。

モチモチの食感と
ピリ辛風味は後を
引くおいしさ！

# あんこ団子で
# トッポギ！？

**材料**（2人分）

- あんこ団子…3本
- ごま油…大さじ½
- 白菜キムチ…40g
- 焼き肉のたれ…大さじ2

**作り方**

*1* **あんこ団子は団子とあんこに分け、団子の2/3量は半分に切る。残りの団子と取り除いたあんこはお汁粉に使う。**

*2* **フライパンにごま油に中火で熱し、白菜キムチを炒める。団子の2/3量を加えて炒め合わせ、焼き肉のたれで調味する。**

## あんこ団子でお汁粉

器に取り除いたあんこ全量（約50g）を入れ、熱湯½カップを注いで溶かし、取っておいた団子を入れるだけ！ 価格は66円です。

**1人分**

74円

スタッフからひと言！ あんこ団子からおつまみとお汁粉の２品作れるなんて星川さん、これからアナタについていきます！

# パン粉でにらチヂミ

多めの油で表面を
カリッと焼くと
おいしさ倍増！

**材料**（2人分）

- にら…1/3束
- パンの耳（またはパン粉）…20本（200g）
- カットよっちゃん®…1袋

A ｜卵…2個
　｜薄めのそばつゆ…1/2カップ
　｜牛乳…1/4カップ
　｜ごま油…小さじ1
　｜塩、こしょう…各少々

サラダ油、ごま油、ポン酢しょうゆ…各適量

**作り方**

1 にらは4～5㎝長さに切る。パンの耳はパン粉にする（p.16参照）。

2 ボウルにAを入れて混ぜ合わせ、1、カットよっちゃん®を加えて混ぜ合わせる。

3 フライパンに多めのサラダ油を中火で熱し、2の半量を丸く広げて3分ほど焼く。裏返してごま油を少し足し、2～3分焼く。残りも同様に焼く。

4 食べやすい大きさに切って器に盛り、ポン酢しょうゆをつけて食べる。

**カットよっちゃん®**

カットよっちゃん®はそのままだとお酢がきいていますが、加熱することですっぱさが飛ぶうえ、いいだしが出るのでぜひ作ってみて。

1人分
49円

この手があったか！　カットよっちゃん® の酸味がチヂミにぴったり！（by コースケ☆原澄人）

じっくり炒めた玉ねぎの甘みに悶絶！

# コクうま！オニオンスープ

**材料**（2人分）

- 冷凍玉ねぎ（みじん切り）
  …1個分（約180g）
- バター…10g

A
- 水…2カップ
- 固形コンソメスープの素…1個
- 塩、こしょう…各適量

※生の玉ねぎを使う場合は、電子レンジで1～2分ほど加熱してから炒める。

**作り方**

1 鍋にバターを弱めの中火で熱し、冷凍玉ねぎ（p.18参照）を飴色になるまでじっくり炒める。

2 Aを加えてひと煮立ちしたら、火を止める。器に盛り、お好みでパンの耳のクルトン、乾燥パセリを添える。

1人分

25円

スタッフからひと言！ ホテルで出てくるような絶品スープでした。これからは冷凍玉ねぎをストックしたいと思います。

皮には栄養がいっぱい！体も喜びます！

# 残り野菜のミネストローネ

**材料**（1〜2人分）

- にんじんの皮、白菜の芯、キャベツの外葉、ブロッコリーの茎、長ねぎの青い部分、玉ねぎの芯のあたりなど
  …合わせて50〜60g
- サラダ油…大さじ½
- A
  - トマトジュース…1缶（200g）
  - 水…½カップ
  - 顆粒コンソメスープの素…小さじ1
  - こしょう…適量

**作り方**

1. 野菜はさいの目切り、または小口切りにする。
2. 鍋にサラダ油を中火で熱し、1を炒める。全体にしんなりしてきたら、Aを加えて2〜3分煮て火を止める。

1人分
**37円**

スタッフからひと言！ 捨ててしまいがちな野菜の皮やクズ野菜を変身させる術、ピカイチですね。参りました！

あと1品食べたいときにすぐできる！

# 卵だけスープ

**材料**（2人分）

- 卵…1個
- A
  - 水…1と½カップ
  - 鶏がらスープの素 …大さじ½
- 水溶き片栗粉
  - 片栗粉…小さじ1
  - 水…小さじ2

**作り方**

1 卵は溶きほぐす。

2 鍋にAを入れて火にかけ、煮立ったら水溶き片栗粉をまわし入れる。とろみがついたら1もまわし入れて、卵が浮き上がってきたら、火を止める。

3 器に2を盛り、お好みで小ねぎの小口切りをちらす。

1人分
**9円**



あっという間にできました。優しい味で夜食にも◎。春雨を入れてみましたが相性抜群でした♪（by 仲村唯可）

ナムルにお湯を注ぐだけ！

# もやしナムルのわかめスープ

**材料**（1人分）

- もやしナムル（p.56参照）…½量
- カットわかめ（乾燥）…1g
- しょうゆ…小さじ½
- 熱湯…¾カップ

**作り方**

1 器にもやしナムルとカットわかめ、しょうゆを入れ、熱湯を注ぐ。

1人分
11円



スタッフからひと言！ 中途半端にナムルが余ったらこうすればいいのですね！ 思い立ったらすぐできて最高！

## 星川桂のひらめき☆コラム③

# 〜愛すべき100均グッズ〜

自宅のキッチンのアイテムを見てみると長く使い込んでいるものに100均商品が多いことに気がつきました。とりあえずのつもりで買った皮むき器や計量カップ、菜箸、フライ返し、お玉、大根おろし器。ほとんどが5年以上使っています。その中でもこれは手放せない！！という100均グッズを紹介したいと思います。

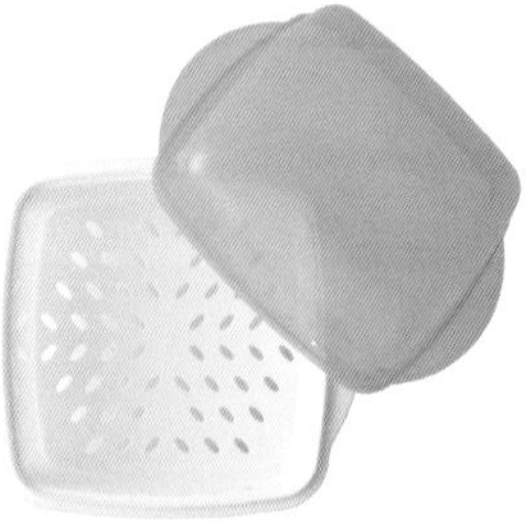

### レンジ蒸し器

取り外せる脚つきのざるがセットされている二重構造。肉まん用に購入したのですが、肉まんで使用したのは1、2回。しかし、もやしナムルを作るのに使用してみるとめっちゃ便利！　水なしでもやしをレンチンすると、ざるの下に水が溜まるのですが、ざるを持ち上げてその水分を捨てるだけで、その後はざるを外して蒸し器本体だけでナムルが完成。ふたもついているので保存もできちゃうスグレモノ！　じゃがいもを蒸すのもラクチンでもう手放せません。

### 耐熱のシリコンベラ

全く期待せずに購入したのに今や一番のお気に入り。どんな形状にもフィットするシリコンベラが使い心地がいいんです!!　このヘラのおかげでクリーム系の料理をフライパンや鍋からお皿に移すとき、一滴も残さず盛りつけることができます！　ちょっとした炒めものも、卵焼きをひっくり返すときにも使えます。さらにこれを使うようになってからフライパンが長持ちするようになりました！

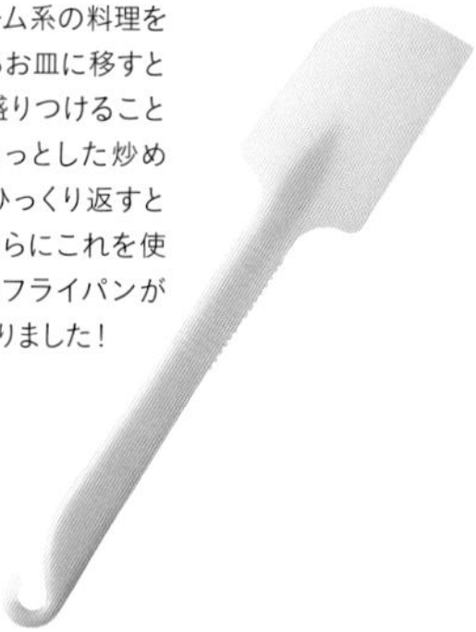

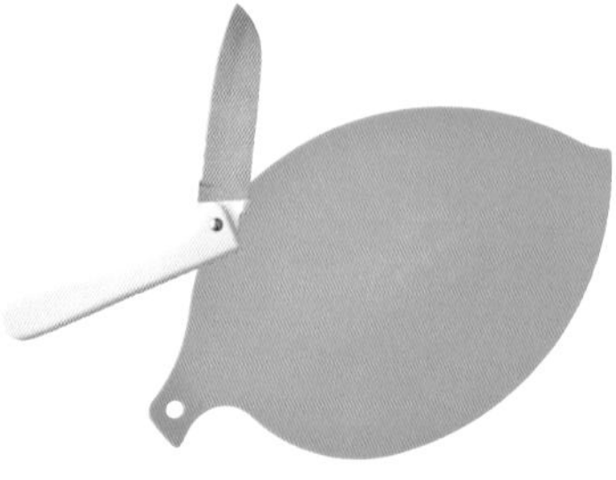

### ミニまな板＆折り畳みナイフ

長いツアー中に旅先で購入したグッズ。いただいた果物や持ち帰ってきたケータリングのおかずなどをササッとカットできます。マンション風のホテルでキッチンがあったときにはサラダやピザを作ったりもしました！　かさばらず、キャリーバッグの隅にしまえるサイズがお気に入りです。万が一、飛行機の検査で没収されても100円なら諦めがつきます。そこが100均の良いところですね！　今ではバーベキューやお花見にも持って出かけています。

Part
3

腹ペコさんにぴったり！

# ごはん・めん・パン

おなかを満たすのはやっぱり
炭水化物でしょ！定番のチャーハンや
ミートソースパスタ、たこ焼きにも星川流の
アイデアが満載！何度も作りたくなる、
食べたくなること間違いナシです。

ツナの油を捨てずに
使うのが星川流！

# かさ増し ツナチャーハン

**材料**（1人分）

- 温かいごはん…180g
- ツナ油漬け缶…1缶（70g）
- 冷凍玉ねぎ（みじん切り）…½個分（約90g）
- 冷凍長ねぎ（小口切り）…½本分（約50g）
- 卵…1個

A | 鶏ガラスープの素…小さじ1
  | 塩、こしょう…各適量

※冷凍玉ねぎ、冷凍長ねぎがなければ、生のものを使ってもOK！

**作り方**

1 卵は溶きほぐす。

2 フライパンにツナの缶汁を入れて中火で熱し、冷凍玉ねぎ（p.18参照）、冷凍長ねぎを炒める。

3 全体に油がまわったら、ツナ、1、ごはんを加えて手早く炒め合わせ、Aで調味する。

1人分

125円

スタッフからひと言！　玉ねぎ、長ねぎからの甘みとツナのコクがマッチしていました！　おなかも大満足です。

シャキシャキのレタスがうまい！

# かに風味のレタスチャーハン

**材料**（1人分）

- 温かいごはん…180g
- かに風味かまぼこ…4本
- レタス…4枚
- 卵…1個
- サラダ油…大さじ1

A | 鶏がらスープの素…小さじ1
  | 塩、こしょう…各適量

**作り方**

1 かに風味かまぼこは半分に切る。レタスは手でちぎる。卵は溶きほぐす。

2 フライパンにサラダ油を中火で熱し、かに風味かまぼこをほぐしながら炒める。

3 溶き卵を加え、卵がかたまらないうちにごはんを加えて炒め合わせる。Aを加えて手早く炒め合わせ、仕上げにレタスを入れて火を止め、余熱で混ぜる。

1人分
88円

ビタミンやミネラルがたっぷり!

# 大根の葉っぱのチャーハン

**材料**（1人分）

- 温かいごはん…180g
- 大根の葉…½本分
- 卵…1個
- ごま油…大さじ½
- A　鶏がらスープの素…小さじ1
- 　　塩、こしょう…各適量

**作り方**

1. 大根の葉は洗って細かく切る。卵は溶きほぐす。
2. フライパンにごま油を中火で熱し、大根の葉を炒める。全体に油がまわったら、溶き卵を入れ、卵がかたまらないうちにごはんを加えて炒め合わせる。
3. Aを加えて手早く炒め合わせる。

一人分
**19円**

スタッフからひと言!　節約と健康を考えた究極のチャーハン!　シンプルだけどまた食べたくなります、これは!

炊きムラが出るので
具材をのせたら
混ぜずに炊いて！

# ツナと塩昆布の炊き込みごはん

**材料**（4回分）

- 米…2合
- ツナ油漬け缶…1缶（70g）
- 塩昆布…1袋（約30g）

**作り方**

1. 米はといで30分吸水させ、ざるにあげて水けをきる。
2. 炊飯器に米を入れ、水を2合の目盛りまで注ぐ。缶汁ごとツナ、塩昆布を加え、普通に炊く。炊き上がったら混ぜる。

1回分
**30円**

炊き上がり前の炊飯器からの香りからしておいしい！　おかずがさみしくてもこれさえあれば無敵！（by 矢原加奈子）

甘めの味つけで
子どもも喜ぶはず！

# 玉ねぎと ひき肉だけのカレー

**材料**（2人分）

- 温かいごはん…360g
- 冷凍玉ねぎ（みじん切り）
…1個分（約180g）
- 豚ひき肉…100g
- サラダ油…大さじ½
- 水…2カップ
- カレールウ（中辛）…2かけ

**作り方**

1 フライパンにサラダ油を中火で熱し、冷凍玉ねぎ（p.18参照）を炒める。少し茶色くなってきたら、ひき肉を加えて炒める。

2 肉の色が変わったら水を加えて煮立たせ、ふたをして弱火で２分煮る。

3 いったん火を止めてカレールウを加えて溶かす。再び弱火にかけ、とろみがつくまで３～５分煮て火を止める。

4 器にごはんを盛り、3をかける。お好みで乾燥パセリをふる。

１人分
81円

"だけ" なんてそんな！　十分おいしいポイントをおさえているので、絶品カレーに決まってる♪（by 鈴木千琴）

ウインナーとレタスをはさむだけ！

# いなり寿司ドッグ

**材料**（2人分）

- いなり寿司（市販）…4個
- ウインナー…4本
- レタス…適量
- トマトケチャップ、マスタード…各適量

**作り方**

1. 熱湯でウインナーを3分ほどゆで、水けをきる。
2. いなり寿司は中心に切り込みを入れ、レタスと1をはさむ。全部で4個作る。トマトケチャップ、マスタードをかける。

1人分

110円

ワハハ本舗専属賄いシェフY氏　せん切りキャベツと魚肉ソーセージをはさんでもおいしかったです！

鮭フレークがアクセント！呑んだ後のしめに◎

# 濡れ煎餅の高級お茶漬け

**材料**（1人分）

- 濡れ煎餅（丸いタイプ）…2枚
- 鮭フレーク…大さじ1
- 刻みのり…適量
- 水…1カップ

**作り方**

1. 鍋に濡れ煎餅、水を入れて中火にかけ、2～3分煮る。
2. 器に1を盛りつけ、鮭フレーク、刻みのりをのせる。

### 濡れ煎餅

濡れ煎餅でいろいろとスイーツを試作しましたが、目先を変えて鍋で煮出してみました。煎餅そのものにしっかり味がついているので、おいしいだしが取れるんです。

全量で
**61円**

スタッフからひと言！　お煎餅がまさかのお茶漬けに！　さらさらといただけるので食欲がないときにもいいですね。

エリンギを細かく切るとひき肉みたいな弾力に！

# かさ増しミートソースパスタ

**材料**（1人分・
ミートソースは作りやすい分量）

- スパゲッティ…80g
- 豚ひき肉…100g
- 玉ねぎ…¼個
- にんじん…1/5本
- エリンギ…1本
- A
  - ミートソース（レトルト）…1袋
  - カレー粉…小さじ1
  - しょうゆ…小さじ2
  - トマトケチャップ…大さじ2
- サラダ油…大さじ½

**作り方**

1. 玉ねぎ、にんじん、エリンギはみじん切りにする。
2. フライパンにサラダ油を中火で熱し、ひき肉を炒める。色が変わったら1を炒め、玉ねぎが透き通ってきたら、Aを加えてひと煮立ちさせる。
3. スパゲッティは袋の表示時間通りに塩ゆで（分量外）し、水けをきる。器に盛り、2の適量をかけ、お好みで粉チーズをふる。

※残りのミートソースは冷蔵で3日、冷凍で2週間保存可能。

1人分
107円

ワハハ本舗専属賄いシェフY氏　まとめて作って冷凍しておけば食べたいときに使えて便利！ にんにくをちょい足ししても◎。

はさむだけでカフェ風サンドの完成！

# かさ増しミートソースサンド

**材料**（1人分）

- バゲット…10 cm
- かさ増しミートソース（p.90 参照）…適量
- レタス…1～2 枚

**作り方**

1 バゲットは縦に切り込みを入れ、レタス、ミートソースをはさむ。

1人分
133円

スタッフからひと言！ あまじょっぱいミートソースがパンにめっちゃ合う！ 差し入れにもいいかも！

お財布がピンチなときは
これで乗りきる！

# ツナと玉ねぎの和風スパゲッティ

**材料**（2人分）

- スパゲッティ…160g
- ツナ油漬け缶…小1缶（70g）
- 玉ねぎ…¼個
- にんにく（チューブ）…3cm
- サラダ油…大さじ½

A
- めんつゆ（2倍濃縮）…大さじ2
- 塩、こしょう…各適量

**作り方**

1 スパゲッティは袋の表示時間通りに塩ゆで(分量外)し、水けをきる。

2 玉ねぎは薄切りにする。

3 フライパンにサラダ油とにんにくを中火で熱し、2を炒める。玉ねぎが透き通ってきたらツナを缶汁ごと、Aを加えて煮立て、1を加えて炒め合わせる。

4 器に3を盛り、お好みで青じそのせん切りをのせる。

1人分

**65円**

## やみつきになる組み合わせ！

パスタをゆでてあえるだけなので本当にかんたん！　ネギを足すと色味も出るし、シャキシャキ感も楽しめるのでオススメ！（by 三宅潤）

ちょい足しした生の玉ねぎがたまりません。

# インスタント袋めんで油そば

**材料**（1人分）

- インスタント袋めん…1袋
- 玉ねぎ（みじん切り）…大さじ1
- 長ねぎ（小口切り）…大さじ1
- 卵…1個
- A
  - ラーメン付属の粉末スープ…1/2袋
  - ごま油…大さじ1/2
  - ラー油…適量
- 水…3/4カップ

**作り方**

1. 卵は黄身と白身に分けておく。
2. インスタント袋めんはお好みのかたさにゆでて水けをきり、器に盛る。Aを加えて混ぜ、玉ねぎ、長ねぎ、黄身をのせ、混ぜながら食べる。
3. 小鍋に粉末スープの残り、水を入れて火にかけ、煮立ったら1の白身を加える。白身が浮き上がってきたら火を止める。

**出前一丁®**

インスタントラーメンにはいろいろありますが、今回使用しためんは出前一丁®。ごまラー油がついているので特に気に入って活用しています。

1人分

**106円**

ごまラー油がついている出前一丁® のなせる技。卵は半熟卵にしてもグッド！（by コースケ☆原澄人）

そうめんはかためにゆでて
最後に加えるのがコツ！

# カット野菜の
# ソーミンチャンプルー

**材料**（2人分）

- そうめん…1束（100g）
- 野菜炒めミックス（市販）…1袋
- ランチョンミート…100g
- サラダ油…大さじ1
- A めんつゆ（2倍濃縮）…大さじ1
- A ごま油…小さじ1
- 塩、こしょう…各適量

**作り方**

1 そうめんは熱湯で袋の表示より30秒ほどかためにゆでる。流水で洗ってぬめりを取り、水けをよくきってサラダ油（分量外）であえる。

2 ランチョンミートは細切りにする。

3 フライパンにサラダ油を中火で熱し、野菜炒めミックス、2を炒める。全体に油がなじんだら、Aを加えて炒め、最後に1を加えて炒め合わせ、塩、こしょうで味をととのえる。

## 野菜炒めミックス

にんじん、もやし、ピーマンなどが入った野菜炒めミックス。あらかじめ切ってあるので疲れてへとへとなときでもこれがあるとすぐ作れます。

1人分
97円

めんつゆで
味が決まるからラク！

キャベツがたっぷり食べられてヘルシー！

# カットキャベツのお好み焼き

**材料**（1人分）

- A
  - 薄力粉…60g
  - 水…½カップ
- カットキャベツ（せん切り）…1袋（130～150g）
- ウインナー…2本
- 冷凍コーン…大さじ3
- 天かす…大さじ1
- 紅しょうが…10g
- サラダ油…大さじ½
- お好み焼きソース、マヨネーズ…各適量

**作り方**

1. ウインナーは1㎝幅に切る。
2. ボウルにAを入れて混ぜ合わせ、1、残りの具材を加えて混ぜる。
3. フライパンにサラダ油を中火で熱し、2を丸く広げて焼く。焼き色がついたら裏返し、弱火で3分ほど焼く。器に盛り、お好み焼きソース、マヨネーズをかける。

全量で
**112円**

関西人もビックリのかんたんお好み焼き。紅しょうがは吉○家のテイクアウトの余りを使ってさらに節約（by 村本准也）

小さな卵焼きフライパンが大活躍！

# たこ焼き器いらずのたこ焼き

1回分
**110円**

**材料**（3回分）

A
- たこ焼き粉…150g
- 水…220ml

- キャベツ…大1枚
- 紅しょうが…10g
- ゆでたこ…60g
- 天かす…15g
- サラダ油…大さじ1と½
- たこ焼きソース、かつお節、青のり…各適量

**作り方**

1 キャベツと紅しょうがは細かく刻む。たこは食べやすい大きさに切る。

2 ボウルにAを入れて泡立て器で混ぜ合わせ、1、天かすを加えて混ぜる。

3 小さめの卵焼き用フライパンにサラダ油を中火で熱し、2の⅓量を流し入れて焼く。焼き色がついたら裏返し、弱めの中火で火が通るまで焼く。残りも同様に焼く。食べやすい大きさの四角形に切り、たこ焼きソース、かつお節、青のりをかける。

切る、混ぜるだけなので準備がラク！卵焼き用フライパンで具のバランスもよく、それっぽく焼けて腹持ちもいい！（by 哀原友則）

## 星川桂のひらめき☆コラム④

# ～残ったお弁当を持ち帰る～

劇団にいるとテレビ局やイベント先でたまに大量のお弁当が残ることがあります。そういうとき、私たちは積極的にお弁当を持ち帰ります。それを知ってか、ワハハ本舗の事務所のスタッフや先輩方は仕事先でお弁当が余ると、ワハハ本舗に持ち帰ってきてくれます。たまたま稽古をしているだけでそのお弁当がもらえるわけですから、運よくもらえた人は大喜びするのです。

13人の娯楽座メンバーに3つのお弁当がもらえたときはあみだくじです。あたりは6つ。お弁当とお茶を分けるのです。だから6人が何かしらをもらえて7人はじっと我慢。これには先輩後輩関係なく参加権があるので、とても公正だと私は思います。

さて持ち帰ったお弁当をどうするかというと、私は冷凍します。でもお弁当をそのまま冷凍すると場所も取るし、レンジで解凍するときにポテトサラダや漬物など温かくしなくてよいものまで加熱してしまい、おいしさも半減するので私は個別で冷凍しています。

例えばごはんはごはん、鮭は鮭、ハンバーグはハンバーグなど、種類ごとにラップに包んで冷凍庫に入れます。漬物やミニトマト、ポテトサラダは冷蔵庫に！　そうして冷蔵庫に入れたものは早めに食べて、冷凍したものは後日、レンジでチンして食べます。アレンジして食べることもあります。冷凍ごはんに鮭をほぐして入れてチャーハンにしたり、餃子を鍋に入れて水餃子にしたり……。

本来ならば、お弁当を5個持ち帰れば5食分の食費が浮くので、その分のお金を別のことに使えることになります。しかし、私たち劇団員にそんな余裕は生まれません。単純に5食分のお腹を空かせていた可能性のある日を回避できただけ、そんな感覚です。それでも毎日が楽しいのは、きっと好きなことをしているからだと思います。厳しい財政で好きなことをする。だからこそ、節約に力が入るのです。

Part
4

# 自慢できてかわいい！
# おやつ＆ドリンク

市販のお菓子や天かす、麩、
マシュマロなどを使ったかんたんで
おいしいおやつ＆ドリンクです。
ごはんやつまみも好きだけど
甘いものは別腹という人は必見です。

どうやって作ったの？
とほめられそう！

# ほろほろクッキー

**材料**（10枚分）

- クリープ®…50g
- 砂糖…大さじ1
- アーモンドスライス、インスタントコーヒー…各適量

**作り方**

1 クリープ®と砂糖は混ぜ合わせる。

2 耐熱のシリコンカップに1を5㎜～1㎝の高さになるようにスプーンで入れ、平らにならす。アーモンドスライス、インスタントコーヒーをそれぞれのせる。

3 200℃のオーブンで5分ほど焼く。

**クリープ®**

クリープ®はコーヒーに入れるだけではもったいない！砂糖を混ぜてオーブンで焼くだけでクッキーになります。

全量で
120円

スタッフからひと言！ 今まで食べたことがない、口の中でほろっと溶ける口当たりでした。

ホットケーキミックスで
作れるからかんたん！

# さつまいもチップスで パウンドケーキ

**材料**（18×8×高さ6cmのパウンド型1台分）

- さつまいもチップス…1袋（約60g）
- 熱湯…½カップ
- ホットケーキミックス…100g
- 砂糖…大さじ4
- 卵…1個
- 牛乳…130ml
- 溶かしマーガリン（または溶かしバター）…30g

●下準備
・型にオーブンシートを敷く。※紙の型を使う場合は、オーブンシートを敷かなくてもよい。

**作り方**

1 さつまいもチップスに熱湯を加え、ゴムベラでつぶしながら粗いペースト状にする。

2 ボウルにホットケーキミックス、砂糖、卵、牛乳、溶かしマーガリンの順に入れて混ぜる。1も加えてよく混ぜ合わせる。

3 型に2を流し入れて余分な空気を抜き、180℃のオーブンで焼き色がつくまで40～45分焼く。竹串を刺してみて生の生地がつかなければできあがり。

**さつまいもチップス**

さつまいもチップスはさつまいもが原料だから、お湯でもどしたらさつまいもペーストになる！と、あるときひらめいて生まれたレシピです。

全量で
185円

スタッフからひと言！ 焼きたてもいいけど、翌日はもっとしっとりしていておいしかったです。

ほっとなごむやさしい味わいです。

# お手軽スイートポテト

**材料**（4個分）

A
- さつまりこ®…2袋（約80g）
- 熱湯…1/4カップ
- 牛乳…1/4カップ

・バター…10g

・砂糖…大さじ1

・卵黄（つや出し用）…適量

### さつまりこ®

じゃがりこ®でマッシュポテトを作ることがありますが、今回はおやつなのでさつまりこ®を使用。さつまいもをゆでたり、つぶしたりする必要がなくてラクチンです。

**作り方**

1. 耐熱容器にバターを入れ、電子レンジで30秒加熱する。
2. ボウルにAを入れ、ゴムベラでさつまりこ®がどろどろになるまで混ぜる。
3. 2に1、砂糖、お好みでバニラエッセンスを加えて混ぜる。4等分にして俵型に形を整え、アルミカップに入れ、卵黄をぬる。
4. オーブントースターの天板に3をのせ、4分ほど焼く。

1個分
**71円**

スタッフからひと言！　ちゃんとスイートポテトの味わいでした。いや、自分が作るより断然おいしかった。

お好みで牛乳を少し足すと生チョコ風にも！

# 揚げチョコ

**材料**（20個分）

- 天かす…1袋（70g）
- 板チョコレート…1枚（50g）
- ホワイト板チョコレート…1枚（40g）

**作り方**

1. 板チョコレート、ホワイト板チョコレートは粗く刻む。耐熱容器にそれぞれ入れ、湯煎にかけて溶かす。
2. 1に天かすを半量ずつ加えて混ぜる。
3. オーブンシートに2をスプーンで1/10量ずつそれぞれのせ、冷蔵庫で10～15分冷やしかためる。

1個分
**12円**

うどんやそばじゃなくチョコに天かす？　一体どうなるかと思ったらクランチチョコに早変わり！（by 石原奈津美）

ごく弱火で蒸し焼きにするのがコツ！

# 麩レンチトースト

**材料**（2人分）

・車麩…2枚

A
- 卵…1個
- 牛乳…3/4カップ
- 砂糖…大さじ1

・バター（またはマーガリン）…10g

**作り方**

1 耐熱ボウルにAを入れて混ぜ合わせ、電子レンジで30秒加熱して温める。

2 車麩は水でもどさずに1に2時間〜ひと晩浸す。

3 フライパンにバターを熱し、2を入れてごく弱火で焼く。焼き色がついたら裏返してふたをして2〜3分焼く。器に盛り、お好みでコンデンスミルクをかけ、いちごを添える。

1人分

51円

しっとり
ふーわふーわ!

やめられないヘルシーおやつ

# 卵を使わない卵ボーロ

**材料**（作りやすい分量）

- 白玉麩…1袋（20g）
- バター…10g
- 砂糖…大さじ2

**作り方**

1 耐熱容器に白玉麩を入れ、ラップをかけずに電子レンジで1分ほど加熱して軽く湿気をとばす。

2 フライパンにバターを中火で熱し、砂糖を加える。砂糖が溶けてきたら、1を加えてからめる。

全量で

64円

スタッフからひと言！　これなら卵アレルギーのお子さんも安心して食べられそう！

さつまいも好きなあなたに贈るシンプルレシピ

# レンジで焼きいも

**材料**（作りやすい分量）

・さつまいも…1本（約200g）

**作り方**

1 湿らせた新聞紙でさつまいもを包む。

2 600 W の電子レンジで 1 を 2 分ほど加熱する。解凍モードか 200 〜 300W の電子レンジでさらに 10 分加熱する。

全量で 157円



本当にレンジでできました。寒い時期におうちで食べるホクホクの焼きいもは最高です！（by 吉川元祥）

友人に自慢できるスイーツです！

# マシュマロでチョコムース

**材料**（350mlの容器1台分）

- マシュマロ…100g
- 牛乳…250ml
- ココア…大さじ2

**作り方**

1 鍋にマシュマロ、牛乳、ココアを入れて中火にかける。煮立ったら弱火にしてマシュマロが完全に溶けるまでゴムベラで混ぜながら煮る。

2 器に1を流し入れ、冷蔵庫で3時間以上冷やす。お好みでホイップクリームやミントを添える。

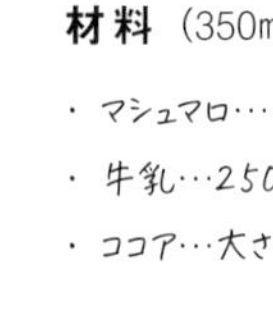


### マシュマロ

一般的なムースは材料も手順も複雑なことが多いですが、マシュマロなら牛乳に溶かして冷やしかためるだけでかんたんにできちゃいます。

全量で
**150円**

スタッフからひと言！　ムースってゼラチンがなくてもマシュマロで作れるんだね。感動しました♪

ビタミンCとコラーゲンたっぷりでお肌に◎

# グレープフルーツのオレンジゼリー

**材料**（2個分）

- グレープフルーツ…1個
- オレンジジュース（果汁100%）…1と½カップ
- 粉ゼラチン…1袋(5g)
- 砂糖…大さじ2

**作り方**

1 グレープフルーツは皮をむいて房から身を取り出す。

2 耐熱容器にオレンジジュースを入れ、電子レンジで3分ほど加熱する。粉ゼラチン、砂糖をふり入れてよく混ぜる。

3 器に1を盛りつけて粗熱がとれた2を等分に注ぎ、冷蔵庫で3時間ほど冷やす。

全量で
190円



オレンジジュースがグレープフルーツの酸っぱさをカバーしてくれてペロリと食べられました！（by 石原奈津美）

焼きマシュマロにすれば、さらにオシャレ度アップ

# マシュマロコーヒー

**材料**（1人分）

- マシュマロ…3個
- インスタントコーヒー…小さじ1
- 熱湯…140ml

**作り方**

1 カップにインスタントコーヒー、熱湯を注いでかき混ぜる。

2 1にマシュマロを浮かべる。

1人分

17円

マシュマロをただのせるだけなのに、一気にカプチーノ気分を味わえるスグレモノ！（by 雨宮あさひ）

カフェで飲むドリンクをおうちでどうぞ♪

# コーヒーゼリードリンク

**材料** (2人分)

- インスタントコーヒー…大さじ3
- 熱湯…1と½カップ
- 粉ゼラチン…1袋(5g)
- コンデンスミルク、牛乳…各適量

**作り方**

1 保存容器にインスタントコーヒーを入れて熱湯を加えて溶かす。ゼラチンをふり入れてよく混ぜ、粗熱がとれたら冷蔵庫で2時間ほど冷やしかためる。

2 1をスプーンで細かくくずしてからグラスに等分に入れる。コンデンスミルクを多めにまわしかけ、牛乳を注ぐ。

1人分
24円

食後に飲みたい一品。ワハハ本舗の社長は「これなら歯が無くても飲めるね」とご機嫌でした♪(by 石原奈津美)

# 大江戸ワハハ本舗・娯楽座
# 星川桂の素顔に迫る！

**劇団員を目指したきっかけは？**

実は最初は劇団員というつもりじゃなかったんです。高校生のときに同級生と「パー＆ナー（パートナー）」というお笑いコンビを組んでいて、その二人で地元名古屋の番組のオーディションを受けました。その際にワハハ本舗の社長喰始（たべはじめ）と出会って、言われたんです。

「本当にお笑いをやるなら東京においで。そしてワハハを訪ねてきなさい！」と。でもワハハ本舗と言われても久本雅美さんや柴田理恵さんしか分からなくて、とりあえずワハハ本舗の名古屋公演を観に行ってみたら内容が過激で……。

私には無理だと思って断ろうとしていましたが、別のマネージャーから「ワハハの小さなライブも観てほしい」と言われて観たら、考えが180度変わったんです。

それは『ガリガリ君のうた』を歌っている「ポカスカジャン」のライブでした。お客様も大爆笑で、私も大笑い。他のワハハの皆さんも全員とても気さくで面白くて、笑いに対する姿勢が真剣でした。その姿を見て仲間に入りたいと思いました。というわけで最初はお笑い芸人のつもりで入って、だんだん劇団員になったというイメージです。

今では完全な劇団員です！　ワハハの劇団員であることを誇りに思っています。みんなで力を合わせて一つのことをやるのが性に合っているのだと思います。

**いつも心がけていることは？**

なかなか難しいですが、私が間違ったことをしたときに誰からもちゃんと指摘してもらえる人でありたいと思っているので、フラットな人でいることを心がけています。あとは、どんなときも悔いのないように挑戦するのと、まわりを信じることかな？　できているかはわからないですが（笑）。

**これからの夢はなんですか？**

今やっている「娯楽座」を話題の劇団にするのが夢です！　応援してくださる人たちが自慢できるような劇団になって恩返しをしたい。いつも「娯楽座」の公演で事務所のスタッフに苦労をかけているので、人気が出てチケット入手困難な劇団になるのが目標です!!

## 本物の笑いと感動を届ける選ばれし13人

# 星川桂が所属する ワハハ本舗・娯楽座とは？

2014年にワハハ本舗が募集したオーディションで集まった新人に加え、ワハハ本舗の劇団員やワハハに関わっていた他劇団の仲間が集まって旗揚げしたワハハ本舗の若手劇団。総合演出はワハハ本舗社長である喰始(たべはじめ)です。

座員は男性6人、女性7人。年齢は20代から40代後半と幅広く、日本舞踊、洋舞、バレエ、ミュージカル、コント、ものまね、替え歌に、芝居も現代劇から時代劇、シリアスからコメディーまでなんでも挑戦するのが娯楽座スタイル。

お客様が熱烈に座員を応援するのも娯楽座公演の特徴です。公演では折り紙に小銭を入れて芝居中の好きなタイミングで投げる「おひねり」が飛び交う。もちろんワハハ本舗の全体公演にも出演する歴としたワハハ本舗の一員でもあります。

娯楽座本公演「競艶雪之丞変化 ザ・グレイテスト歌舞伎女形（ショーガールマン）」より。番傘を使った花火のダンス。

娯楽座本公演「贋作・三谷幸喜の時間」より。オムニバス「二人のマジックアワー」の一コマ。

娯楽座本公演「娘盛りの次郎長一家 サウンドオブ三度笠」より。おなじみの紙吹雪が舞い散る中、全員で熱唱するクライマックスシーン。

実際に試作・試食しました！

# 大江戸ワハハ本舗・娯楽座劇団員をご紹介

この本の隊長！

好きな食材はパンの耳。
ひらめいたら止まらない！
節約レシピの申し子!!

**星川桂** 1978年8月17日生まれ

こんなひと　貧乏界のセレブ。転んでもただでは起きない究極のプラス思考。

まけないエピソード　**ピンチのとき、特に金欠のときにひらめくアイデアには自信があります！　追いつめられたときほど誰にもまけません！**

娯楽座が誇る魚顔女子。
ヒカキンからマリリン・モンローまで、
似せられる魚顔は無限大！

**雨宮あさひ** 1988年5月15日生まれ

こんなひと　ネタ作りに対するストイック度は人一倍。好きな食べ物はもちろん魚！

まけないエピソード　**ワハハ本舗に入団するため、全体公演全国ツアーに自腹で帯同。貧乏にも、深夜バス移動にも、まけず、ガッツを認めてもらい、入団させていただきました。**

食べ物の好き嫌いがないことが
自慢の野性味あふれるバレリーナ。
小さいけれど胃袋は底なし！

**鈴木 千琴** 1990年 1月16日生まれ

こんなひと　ダンスはプロ級！ 趣味はお手紙！ 特技は手芸！ 情熱で困難を乗り越える不屈の劇団員!!

まけないエピソード　**これは絶対、食べ物の好き嫌いがないおかげで、インフルエンザ、骨折などあまり大きな病気やケガをしたことがないです！**

好きな食べ物は豚汁！
本能のままに食べる無類の食いしん坊

**仲村唯可** 1994年3月23日生まれ

こんなひと　普段はおとなしいが、舞台でみせる姿はソウルフルかつダイナミック。現在、創作講談にも挑戦中！　劇団内では音源編集の担当をしている。

まけないエピソード　**個性的な人のモノマネ！　おばちゃんから、プロレスラー、動物まで！　メイク技術も含めて誰にもまけていません！**

ウマいビールのためならば、ニガテな
料理にも立ち向かうファイター！

**矢原加奈子** 1971年9月26日生まれ

こんなひと　娯楽座を切り盛りする姉御。お金はないけど発泡酒は飲まないビール党。

まけないエピソード　**まけないぞと思ってもまけます。自分に、状況に。それでもワハハでがんばってこられているのは酒と笑いと仲間とともにいたから。これぞまけないための三種の神器！**

タイが大好きな
アジアンキューティー♥

**犬吠埼にゃん** 1987年4月16日生まれ

こんなひと　記憶力は娯楽座ナンバーワン！　10年間働いていたタイ料理屋ではよくタイ人に間違われたが実際は生粋の日本人。家にはしょうゆより大きいナンプラーが常備されている。

まけないエピソード　**「おいしい」は元気の源！　節約したってズボラしたっておいしければ勝ち!!**

魚介、きのこ、油ものが苦手な
スーパー偏食娘（主食は主にめん）

**石原奈津美** 1993年7月5日生まれ

こんなひと　娯楽座のミステリアスお嬢様。クールに見えるけど人見知りな甘えん坊、なれどときにはSMの女王になることも!!

まけないエピソード　**まだまだ無名な劇団だけど、おいしいごはんに救われながらまけない劇団に成長します！**

稽古中の鞄にはいつもミニ羊羹。
あんこがあればがんばれる！

**村本准也** 1973年2月18日生まれ

こんなひと　実家が小料理屋だった。調理師免許を持っている頼れる劇団員。娯楽座で老け役と言えばこの人！　おばあちゃんもおじいちゃんも彼の右に出るものはいない。

まけないエピソード　好きなことのためなら節約も全然平気。楽しもう！

めん類大好き！　まだまだノビる
中年エンターテイナー

**コースケ☆原澄人** 1976年11月28日生まれ

こんなひと　日本舞踊はワハハの中でも名人級！女形もできるスーパー劇団員。

まけないエピソード　小器用な技のレパートリーなら誰にもまけないぞ！　ってそれはただの器用貧乏のまけ惜しみか？オッケー、俺！

明日への活力、豚の生姜焼き。
それさえあれば24時間戦える。

**哀原友則** 1977年12月17日生まれ

こんなひと　100キロ越えのボディーを保つための努力は人一倍!? 娯楽座の小道具はほぼ彼が作っています。

まけないエピソード　劇団員とバイトの掛け持ちはどうしても眠くなる。まかないで豚の生姜焼きが出た次の日は朝4時起きでもスッキリ目覚めることができた。まかないでの応援に感謝。まかないでまけない。

酒の肴にこだわる大人に憧れる
中年劇団員。目指せ花鳥風月

**噛家坊** 1974年12月8日生まれ

こんなひと　顔に似合わずフェミニスト!?　得意料理は湯豆腐。娯楽座のツッコミ担当！ 趣味は料理漫画で得た知識を実践してみること。

まけないエピソード　一日の終わりにおいしい晩ごはんを食べられれば勝ち、まけてない！　よーし今日は何を食べるかな？　あれ、お金ないじゃん!!　くそー、晩ごはん抜きかー!!

癖のある役、味のある芝居は任せろ！
海鮮が大好きな干物系劇団員！

**三宅潤** 1990年2月20日生まれ

こんなひと　ナルシストなオタクボーイ。劇団では超マイペース。しかし芝居好きな個性派俳優。

まけないエピソード　ファッションセンスは誰にもまけません。服のことなら何でも聞いてください！　皆さんもオシャレを楽しみましょう!!　セットアップはダブルです!!

一番好きな食べ物は、カレーの王子様!!
娯楽座のイケメン担当

**吉川元祥** 1990年6月7日生まれ

こんなひと　不器用さは劇団一！　卓球と英語が得意なさわやか慶応ボーイ。

まけないエピソード　元アスリートだからこそ、体を作る食の大事さは身に染みて感じます。安いだけじゃなく、勝つためのまかない飯、命!!!!

## 大江戸ワハハ本舗・娯楽座についてもっと知りたい人はアクセスしてね！

**http://gorakuza.com**

大江戸ワハハ本舗・娯楽座のホームページでは公演情報やオンエア情報、ブログや動画も観れちゃいます！ ぜひ、ご覧ください！

大江戸ワハハ本舗・娯楽座

こちらもヨロシク！

YouTube チャンネル
ワハハ本舗 星川桂の
もらいもん飯

# 素材別さくいん

# おわりに

1996年にワハハ本舗に入ったばかりの私は夢いっぱいというか、きっと当たり前にテレビに出られるようになると思っていました。だから今しか味わえない貧乏生活を心から楽しもうと決めました。

その当時すでに風呂なしの物件は珍しかったのですが、私は自分の思う劇団員のイメージで風呂なし物件を契約。親には「お金なら出すからそんなことしないで」と言われましたが、どうしても風呂なしの暮らしが経験してみたかったのです。

実際に風呂なしの家に住んでみてわかったのは、風呂付き物件のほうが結果として安いということでした。家賃と銭湯代を足したら風呂付きの物件と同じくらいだったのです。好きな時間に入浴できない不便さを考えると風呂なしはコスパが悪い。

でも私は楽しみました。あるとき私は自宅にお風呂を作ることを考えました。はじめはビニールプールを借りて実験。その後ベビーバスでの入浴を検討しましたが意外と高価だったので安くて丈夫でお風呂に似た形状を考えました。その結果、衣類などを入れるプラスチックケースが良いと気がつきました。「プラケ風呂は最高!!」。そこからはパラダイスでした。

ホームセンターで売っているお風呂の残り湯を洗濯機に入れ

るポンプとバケツとホースを購入して給湯器につなぎ、ホースの先に100均で買ったジョウロの先を取り付けたらシャワーに変身。風呂なしの家で優雅なバスタイムを満喫できるようになったのです。しかも家が狭いから入浴しながらテレビも観られる!! 楽しい日々でした。

料理も最初はうまく作れなかったけれど、今ある材料で何を作ったらみんなが驚いたり、笑ったりしてくれるかを考えるようになり、腕をあげました。20代はワハハ本舗の事務所にあるものをもらってたくさんのレシピを開発しました。事務所に大量のお麩が届いたときに考えたのが、お麩を卵と牛乳でもどして焼く「麩レンチトースト」。これはおいしいうえに事務所のスタッフが笑ってくれて本当にうれしかったです。

先輩の柴田理恵さんに習ったキャベツのせん切りに納豆と卵を入れて食べるレシピは、初めて作ったときは失敗してしまい、みんなに「三角コーナーの生ゴミみたい」と笑われました。それも稽古場が盛り上がって良かったと思ったのを今でも覚えています。

30代になると私は縁あって銀座のバーで働くようになりました。パンの耳でカツを作ろうとする私にお客様は言いました。

「君がやっていることは精進料理だよ。肉じゃないものを肉に見立てるのは精進料理の中でも擬製料理だよ」
なるほど！　私は知らないうちに悟りの域に達していたのか。働きながら貯めたお金で有名な精進料理のお店にも行って、それをヒントに「食べたらうなぎ」も生まれました。

30代後半はワハハ本舗の若手劇団「大江戸ワハハ本舗・娯楽座」の旗揚げに参加しました。

今いる娯楽座のメンバーはみんなある意味同期です。20代から40代までの男女が顔を合わせて稽古三昧。稽古中にワハハ本舗のまかないシェフが作ってくれた豚汁が余ったからと、みんな必死に持ち帰ろうとする。自前のお弁当箱をはじめ、袋やペットボトルに入れて持ち帰ろうとする者。そして次の日、うまく持ち帰れずにカバンが豚汁の匂いになってしまったことを笑い合う。

今しか味わえない貧乏生活を心から楽しむと決めたあの日から、私はずっと楽しんでいます。

そして今までのさまざまな経験のおかげでこのたび、レシピ本も出すことができました。これもすべて、こんな私を見守り、

応援してくださる皆様のおかげだと思っております。

この本を読んで、楽しく料理をしてもらえたらうれしいです。さらにこの本を通してワハハ本舗に「大江戸ワハハ本舗・娯楽座」という劇団があることを知ってもらえたら、こんなに幸せなことはありません。

今この瞬間にも劇団員は稽古か、本番か、アルバイトか。そして私の節約・ひらめきレシピは今日も増えていきます。この本に携わってくださったすべての皆様に心から感謝の気持ちを込めて。ありがとうございます。

大江戸ワハハ本舗・娯楽座
ひらめき☆天才料理家
星川桂

企画　菊池壮一、
　　　川田修（株式会社日本経営センター）
制作協力　ワハハ本舗株式会社
　　　　　大江戸ワハハ本舗・娯楽座の皆さん

**星川桂**

（ほしかわ・かつら）

1978年8月17日生まれ。
愛知県出身。


高校在学中にワハハ本舗社長・喰始に出会いその人柄に衝撃を受ける。1996年4月からワハハ本舗所属。「パー＆ナー（パートナー）」「セクシー寄席」としてお笑い活動もしつつ、2014年からワハハ本舗の若手劇団「大江戸ワハハ本舗・娯楽座」に参加。娯楽座の年数回の本公演、ワハハ本舗の本公演を中心に、テレビ、舞台、ライブなどで幅広く活躍中。プライベートでは節約素材を使用したひらめきレシピが多方面で話題となっている。著書に『貧乏セレブ入門』（駒草出版）がある。

Staff
アートディレクション・デザイン　小椋由佳
撮影　武井メグミ
料理製作＆スタイリング　伊藤美枝子
調理アシスタント　岩本英子
イラスト　もりいくすお
校正　高柳涼子
構成・編集　倉橋利江




ワハハ本舗の　まけないレシピ
「まかない」のエンターテインメント

2020年 6 月25日　初版発行

著　者　星　川　　桂
発行者　富　永　靖　弘
印刷所　株式会社新藤慶昌堂

発行所　東京都台東区 台東2丁目24　株式 会社　新星出版社
〒110-0016　☎03(3831)0743





ISBN978-4-405-09386-7